PROJET

D'UNE ÉMISSION

DE PAPIER-MONNAIE,

REMBOURSABLE

PAR DIXIÈME CHAQUE ANNÉE;

PORTANT INTÉRÊT A SIX POUR CENT ;

Transmissible de gré à gré entre particuliers, avec une hypothèque spéciale pour chaque billet.

Audeamus . . . .
Nam pavor etiam auxilia formidat.

PAR M. G***,

Fourrier dans la onzième légion de la Garde nationale.

A PARIS,

Chez GABRIEL WARÉE, Libraire, quai Voltaire, n° 21.

1816.

DE L'IMPRIMERIE DE FEUGUERAY,
Rue Pierre-Sarrazin, n° 11.

OBSERVATIONS.

Il paraîtra sans doute bien étrange de proposer maintenant une émission de papier-monnaie ; l'épreuve cruelle que nous en avons faite doit nécessairement nous faire craindre de nouvelles calamités.

Cependant notre numéraire disparaît d'une manière effrayante, et c'est pendant plusieurs années encore que ce mal doit s'accroître.

Serait-il donc impossible d'y remédier par un papier, qui toutefois n'aurait aucun des inconvéniens qui ont si fortement déprécié le premier ?

Avant de présenter un projet qui doit vivifier le commerce et l'industrie, il convient d'examiner les principales causes de la chute des assignats, afin d'être à portée de savoir si le nouveau projet présente les mêmes inconvéniens.

J'écarterai de cet examen les causes particulières de dépréciation qui pouvaient provenir des circonstances où les différentes émissions d'assignats ont eu lieu.

Je me garderai bien d'établir le parallèle entre un Gouvernement essentiellement destructeur et un Gouvernement paternel.

Je ne présenterai que les causes de dépréciation inhérentes aux assignats mêmes.

Une des causes principales, c'est qu'il a toujours été impossible de faire connaître au public la quantité exacte d'assignats en émission, parce que le Gouvernement seul coopérait à leur fabrication; et en supposant même que les ministres d'alors n'eussent point abusé de cette facilité, on a pu du moins le soupçonner de la part d'un Gouvernement dont la moralité n'inspirait pas une grande confiance, et dont les besoins croissaient sans cesse; et l'une des principales conditions d'un papier-monnaie est que le public soit convaincu de l'impossibilité dans laquelle serait un Gouvernement d'augmenter à son gré la masse du papier en émission.

Une autre cause de dépréciation était dans l'hypothèque même qui devait garantir ce papier. Une hypothèque en masse ne présente aucune sûreté. Toute hypothèque, même présentée par un Gouvernement, ne vaudra jamais celle que peut offrir un particulier, et la raison en est bien simple; c'est que le Gouvernement ne possédant rien en propre, ne peut donner d'hypothèque, et que quand bien même il pourrait en offrir une quelconque, elle présenterait peu de sûreté, parce que le Gouvernement est toujours le maître de changer les dispositions qu'il a précédemment prises. Si cette versatilité est à craindre, même dans un Gouvernement stable et légitime, que ne devait-on point redouter d'un Gouvernement tel que celui de la Convention !

Le remboursement n'était pas plus certain. Comme tous les porteurs d'assignats ne pouvaient pas acheter de domaines nationaux, ceux qui projetaient de telles acquisitions faisaient la loi à ceux qui ne cherchaient qu'à se défaire partiellement de leurs assignats, et entretenaient parmi eux les idées de dépréciation ; de manière que les mêmes assignats avaient différens prix suivant les mains dans lesquelles ils se trouvaient.

Une fois qu'un papier-monnaie n'a plus la même valeur dans toutes les mains, c'en est fait, la dépréciation ne fait qu'augmenter, et tout ce qu'on fait pour l'arrêter ne fait qu'accroître le mal.

Il faut qu'un remboursement soit fixe, déterminé, indépendant de toutes circonstances, et à la portée de tous ceux qui ont entre leurs mains une portion quelconque du papier en émission.

Mais si un papier-monnaie doit être remboursé à une époque fixe, il faut aussi que ce même papier porte un intérêt légal pendant tout le cours de son émission.

C'est bien ce qu'avaient senti les créateurs des premiers assignats; ils y avaient ajouté un coupon d'intérêt; mais ce coupon étant susceptible d'être détaché du corps du billet, le but avait été manqué, et dans les autres émissions il n'a plus été question d'intérêts. Qu'en est-il résulté? Les porteurs d'assignats n'ayant plus dans leurs mains que des fonds morts, n'avaient aucun avantage à les garder en porte-feuille.

Sans doute l'argent peut être enfoui dans les coffres de quelques particuliers et ne produire aucun intérêt; mais il a par lui-même une valeur telle que l'homme le plus avide de bénéfices le gardera quelquefois avec plaisir, dans la ferme persuasion que, telle chose qui arrive, il aura toujours sa valeur.

Il n'en est pas de même d'un papier quelconque; quelque solide qu'il soit, il faut qu'il porte intérêt, parce que ce n'est pas matériellement de l'argent, mais une promesse d'en avoir, et c'est en donnant à cette promesse toute la solidité possible, et en y joignant un intérêt convenable, que le papier soutiendra la concurrence avec l'argent.

L'avare, sans doute, évitera de changer son or contre le meilleur papier de l'Europe, il ne verrait plus l'objet de son culte; mais le spéculateur honnête ne s'y refusera jamais lorsqu'il y trouvera un avantage réel.

Mais une des plus fortes causes de la dépréciation des assignats était le cours forcé qu'on leur avait donné; il devait nécessairement augmenter le prix des objets qu'on était forcé de donner en échange, et plus le Gouvernement y mettait de rigueur, plus la dépréciation augmentait.

Comme c'est du Gouvernement seul que peut sortir une émission de papier, le Gouvernement seul doit être obligé à le reprendre; mais entre particuliers cette transmission doit être parfaitement libre, et elle deviendra toujours d'autant plus facile qu'elle sera moins forcée.

Les billets de la Banque de France sont reçus par-tout; cependant aucune loi n'oblige les particuliers à les recevoir. La confiance qu'on a dans ces billets vient de la connaissance parfaite qu'on a de la sagesse de cette institution. Il y a plus, la solidité de cette banque ne serait peut-être point aussi bien établie si elle avait en caisse tout le numéraire que représente la masse des billets en émission. Alors les bénéfices que cette banque doit faire n'étant point connus, on pourrait en supposer de contraires à la sûreté de cet établissement.

Mais on ne peut point exiger, pour la solidité d'un papier émis par le Gouvernement, qu'il soit remboursable à vue comme celui de la Banque; leur position est bien différente.

Lorsque la Banque s'est formée elle ne devait rien au public; elle ne doit que depuis qu'elle a mis en circulation ses billets, qui ne font que représenter des valeurs existantes dans sa caisse. Comme les valeurs sont toujours là, le public a le droit d'exiger à chaque instant le remboursement du signe représentatif de ces valeurs; et comme il a la faculté de retirer à chaque instant son argent, le signe représentatif ne doit point porter d'intérêts.

Le Gouvernement, au contraire, doit, et n'a pas de valeurs en caisse qui puissent être représentées par un signe quelconque : ainsi le papier que le Gouvernement mettrait en circulation ne pourrait que représenter le numéraire qui doit lui rentrer par les impôts, et le remboursement n'est exigible qu'à l'époque convenue : aussi le Gouvernement doit-il un intérêt jusqu'au remboursement.

Mais il faut que l'époque du remboursement soit fixe, invariable, et indépendante même du Gouvernement, qui n'a plus le droit de la changer, puisqu'elle est le résultat d'un contrat passé entre vous et lui ; et notez bien ceci, toute la valeur d'un papier-monnaie dépendra toujours de l'impossibilité dans laquelle le Gouvernement se trouvera de changer les conditions du contrat.

Il résulte de tout ceci que les principales causes de la dépréciation des assignats étaient ;

1°. Que la masse en émission pouvait être augmentée sans que le public en eût connaissance, et par là même ne pouvait plus s'assurer si le gage présenté était d'une valeur égale au montant du papier en émission.

2°. Que l'hypothèque était illusoire, incertaine ; et que les fonds provenant de la vente des domaines hypothéqués pouvaient être employés à d'autres usages.

3°. Que le remboursement n'avait pas d'époques fixées, et que d'ailleurs il n'avait lieu que pour une certaine classe d'individus.

4°. Qu'ayant un cours forcé entre particuliers, ce papier devait avoir nécessairement différentes valeurs suivant les mains dans lesquelles il se trouvait, et suivant l'emploi que le porteur pouvait en faire.

5°. Que ne portant point d'intérêts, il n'y avait point d'avantage à le garder en portefeuille, et qu'on devait toujours chercher à s'en défaire.

Passons maintenant au projet en question, et voyons s'il a les mêmes inconvéniens.

PROJET

DE CRÉATION

D'UN PAPIER-MONNAIE.

Il sera souscrit par chaque propriétaire, et pour chacune de ses propriétés, des billets à ordre au profit du Gouvernement, pour une somme quadruple du montant de l'impôt foncier de 1814.

Ces billets seront remboursables par les propriétaires par dixième chaque année, et porteront un intérêt de 6 pour 100 payable également par le propriétaire à l'époque du remboursement desdits billets.

Ces billets seront de 60 fr., 120 fr., 240 fr. et 600 fr., suivant la somme à laquelle s'élèvera la cotisation de chaque propriétaire.

Ces quatre espèces de billets seront sur un papier de couleur différente.

Ce papier sera fourni gratuitement par le Gouvernement.

Tous les billets porteront la même date, afin que leur valeur progressive soit égale pour tous les billets d'une même espèce.

Cette valeur augmentera chaque jour, chaque mois et chaque année de la manière suivante;

SAVOIR:

	Par jour.	Par mois.		Par année.	
	cent.	fr.	c.	fr.	c.
Celle des Billets de 60 fr., de..	1		30	3	60
——— de 120 fr., de..	2		60	7	20
——— de 240 fr., de..	4	1	20	14	40
——— de 600 fr., de..	10	3		36	

La souscription des billets se fera dans le chef-lieu de l'arrondissement où la propriété est assise, par le propriétaire ou son fondé de pouvoir.

Chaque propriété donnera lieu à une souscription particulière.

Chaque billet ayant la même forme et la même date, portera en outre l'indication du département et de l'arrondissement dans lesquels il aura été souscrit, ainsi qu'une simple désignation de la propriété ; la signature des propriétaires ou de leurs fondés de pouvoir ; celle du maire de la commune ; celle du commissaire du Roi désigné pour la confection de ces billets dans chaque département, et le *visâ* du préfet du département.

Le nombre de billets à souscrire par chaque propriétaire, et pour chacune de ses propriétés, ne pourra être moindre de dix dans l'une ou l'autre des quatre divisions ci-dessus.

Mais dans le cas où la somme que donnerait le montant de dix billets excéderait celle à laquelle pourrait s'élever la cotisation d'un propriétaire, il lui sera tenu compte du surplus, d'après le tableau joint au présent projet.

Cette restitution aura lieu de la manière suivante :

Lorsque tous les billets souscrits sur toute l'étendue de la France auront subi à Paris toutes les formalités jugées nécessaires pour assurer leur circulation, le Gouvernement fera passer de suite, dans chaque département, la quantité de billets nécessaires à cet objet.

La répartition en sera faite, dans chaque arrondissement, entre tous les propriétaires qui y auront droit, pour par eux en user comme bon leur semblera.

Les billets que le Gouvernement fera ainsi passer dans chaque département pour être restitués comme dit est, seront pris indistinctement parmi tous les autres billets souscrits au profit du Gouvernement dans tel ou tel département, sans qu'il soit besoin que le billet restitué à un propriétaire soit positivement un de ceux qu'il aura précédemment souscrits.

En conséquence de cette restitution, tous les propriétaires n'en seront pas moins tenus à rembourser à leur échéance tous les billets souscrits par eux, quoique le montant de leurs souscriptions ait excédé celui de leurs cotisations.

Tous les autres billets souscrits au profit du Gouvernement, et non restitués aux propriétaires, seront versés au trésor royal, pour être employés à l'acquittement de la dette de l'État.

Ils seront reçus par tous les créanciers de l'État pour leur valeur nominale, plus pour la portion des intérêts échus à l'époque où les billets seront délivrés, de même lorsqu'ils rentreront dans une des caisses du Gouvernement, il sera tenu compte au porteur du nouvel accroissement de valeur provenant de la cumulation des intérêts.

Ils seront transmissibles entre particuliers,

mais de gré à gré, sans aucune formalité, et sans qu'il soit besoin d'y apposer de nouvelles signatures.

Les intérêts seront indivisibles du capital, et appartiendront toujours au dernier porteur.

Lorsqu'une propriété quelconque passera dans de nouvelles mains, le nouveau possesseur sera tenu de rembourser à leur échéance tous les billets hypothéqués sur cette propriété et restant en circulation, nonobstant toutes dispositions contraires.

Tout propriétaire sera contraint à la souscription desdits billets et à leur remboursement par dixième chaque année, comme pour l'acquittement de l'impôt foncier.

Toutes les rentes hypothéquées sur un bien-fonds quelconque seront sujettes à une retenue de 10 pour 100 par an au profit du propriétaire dudit bien.

Dans chaque arrondissement, tous les billets de 60 fr., 120 fr., 240 fr. et 600 fr., seront divisés en séries de dix billets de même espèce chacune.

Chaque série portera un numéro d'ordre, depuis le n° 1er jusqu'à celui nécessaire à la quantité de séries de chaque espèce, et chaque billet de chaque série portera un numéro de 1 à 10.

Tous les ans, à une époque déterminée, il sera fait publiquement un tirage pour indiquer les billets qui devront être remboursés.

En conséquence, si c'est le n° 6 qui vient à sortir, tous les billets de toutes les séries qui porteront ce numéro seront remboursables à vue, et les intérêts desdits billets cesseront de courir à dater du jour dudit tirage.

Tous les porteurs des billets qui devront être remboursés d'après l'indication du tirage, pourront se présenter de suite dans une des caisses du Gouvernement pour en toucher le montant, ainsi que celui des intérêts échus à l'époque du tirage.

Dès que la remise d'un billet remboursable aura été faite dans les mains d'un caissier du Gouvernement, ce billet sera biffé et annulé en présence du porteur, et le caissier le gardera comme pièce de dépense.

Dans le courant du mois qui précédera le tirage, chaque propriétaire sera tenu de verser dans la caisse du receveur de son arrondissement la somme nécessaire à l'acquittement du capital et des intérêts des billets qui devront être remboursés.

Le receveur lui donnera une quittance provisoire, laquelle sera échangée contre les billets qui, d'après le tirage, devront être remboursés, et qui seront acquittés par le Gouvernement au nom du propriétaire.

Le Gouvernement fera connaître le résultat du tirage dans toute l'étendue de la France par les moyens les plus prompts, afin que les porteurs des billets remboursables n'éprouvent aucun retard dans la rentrée de leurs fonds.

Tout propriétaire aura la faculté de rembourser à l'époque qu'il voudra tous les billets qu'il aura souscrits pour une ou plusieurs de ses propriétés; il suffira qu'il en fasse la demande par écrit au Gouvernement, qui en donnera connaissance aussitôt au public, afin que les porteurs de ces billets puissent se présenter dans une caisse quelconque pour en toucher le montant.

On suivrait, à l'égard du remboursement de ces billets, les mêmes formalités que pour le remboursement annuel des autres billets.

La simple lecture de ce projet suffit pour faire voir qu'il ne contient aucune des causes de dépréciation qui ont précipité la chute des assignats.

D'après les formalités nécessaires à la confection de ces billets, une fois l'opération terminée, il serait de toute impossibilité d'en augmenter le nombre, et le résultat sera mathématiquement connu.

Quelle inquiétude pourraient avoir les porteurs de ces billets, qui tous ont une hypothèque spéciale, outre la garantie du Gouvernement, qui se charge du recouvrement à l'échéance.

Quoique l'époque du remboursement dépende du sort, il n'en est pas moins certain que tous les ans il y aura un dixième de ces billets qui disparaîtra de la circulation.

On sentira aisément la raison qui a fait préférer cette voie à celle d'un remboursement par ordre numérique, qui aurait donné nécessairement de la variation dans la valeur des billets, suivant l'événement plus ou moins rapproché du remboursement. Le Gouvernement recevant toujours pour comptant ces billets, leur transmission entre particuliers aura bientôt lieu; la solidité de ce papier, l'avantage toujours croissant qu'il présente en le gardant, sont de sûrs garans d'une circulation d'autant plus facile qu'elle sera moins forcée.

Chacun aura intérêt à les recevoir, parce que tout le monde trouvera un avantage à les garder.

On objectera peut-être que les propriétés sont déjà bien assez surchargées; mais à qui s'adresser, si ce n'est à ceux qui possèdent réellement quelque chose? De telle manière que l'on s'y prenne, tout le poids de l'impôt, qui d'abord semble ne peser que sur la propriété, finit toujours par retomber sur le consommateur.

Qui plus que les propriétaires sont intéressés au rétablissement des finances? Les privilèges qu'ils obtiennent dans l'ordre social sont bien assez avantageux pour que le Gouvernement puisse exiger d'eux de plus grands sacrifices que de ceux qui ont moins besoin de protection.

Mais cette nouvelle charge serait-elle donc si difficile à supporter? N'a-t-on pas vu que ce n'était qu'une année de revenu, payable en dix ans, qu'on demandait aux propriétaires?

D'ailleurs, le Gouvernement, qui aurait alors des sommes considérables à sa disposition, se trouverait dans le cas de diminuer progressivement l'impôt foncier pendant les dix années que durerait l'émission de ce papier.

Je pourrais encore indiquer plusieurs dispositions qui faciliteraient l'exécution de ce projet ; mais un des grands avantages que je ne puis passer sous silence, c'est que cette quantité de valeurs qui se trouveraient à la disposition du Gouvernement n'entraînerait que très-peu de dépenses, qui seraient couvertes au-delà par l'accroissement de valeur qu'obtiendraient tous les billets dans l'espace qui séparerait l'époque de leur souscription par le propriétaire de celle de leur émission par le Gouvernement.

Sous un autre point de vue, et dans le cas où le Gouvernement aurait des moyens suffisans pour acquitter ses dépenses sans avoir recours à l'exécution de ce projet, il n'en est pas moins constant que le manque de numéraire se fera sentir dans les relations commerciales.

Ne pourrait-on point alors modifier ce projet, en autorisant les propriétaires à souscrire un certain nombre de billets à leur profit et d'après les formalités ci-dessus exigées? Ce nombre de billets pourrait être réduit à moitié, et le remboursement avoir lieu en cinq années.

On pourrait encore en restreindre l'exécution à la seule ville de Paris, pour acquitter sa dette, qui doit être très-considérable.

La souscription de ces billets serait faite par les propriétaires de Paris seulement. Les autres ressources de cette commune pourraient être employées à d'autres objets ; elle pourrait encore diminuer les droits d'entrée portés à un taux qui rend la perception extrêmement coûteuse et difficile ; car il n'est pas douteux que plus le tarif est élevé, plus la surveillance devient nécessaire, parce que la fraude offre plus d'appât à la cupidité.

On peut juger combien, dans la circonstance où nous nous trouvons, cette masse de valeurs deviendrait profitable au commerce et à l'industrie.

Je n'ai point la prétention de présenter un plan de finances, et je suis loin d'avoir les connaissances nécessaires pour traiter une matière aussi importante ; mais j'ai cru pouvoir mettre en avant quelques idées qui m'ont été inspirées par l'amour du bien public ; c'est le seul motif qui m'a fait prendre la plume pour me soumettre au jugement d'un public très-mal disposé, je le sais, en faveur d'un papier-monnaie.

Je m'y soumettrai volontiers à ce jugement, quel qu'il soit, persuadé, comme tout bon Français, que c'est à la sagesse de notre Monarque que nous devons nous en rapporter : il n'exigera de nous que les sacrifices indispensables : les seuls qui lui paraissent légers sont ceux qu'il s'impose à lui-même.

FIN.

TABLEAU

Au moyen duquel chaque Propriétaire pourra connaître la quantité et la quotité des Billets qu'il aura à souscrire, d'après le montant de l'impôt foncier de 1814, ainsi que les sommes qui lui seront restituées lorsque le montant de sa souscription aura excédé celui de sa cotisation.

ARTICLES.	MONTANT de L'IMPÔT FONCIER en 1814.	REVENU PRÉSUMÉ.	BILLETS A SOUSCRIRE.								TOTAL de la Souscription.	SOMMES au profit du Trésor.	SOMMES restituables aux Propriétaires.
			NOMBRE de Billets à 60.	MONTANT des BILLETS.	NOMBRE de Billets à 120.	MONTANT des BILLETS.	NOMBRE de Billets à 240.	MONTANT des BILLETS.	NOMBRE de Billets à 600.	MONTANT des BILLETS.			
		fr.		fr.		fr.		fr.		fr.	fr.	fr.	fr.
1	de 1 à 15	60	10	600							600	60	540
2	16 30	120	10	600							600	120	480
3	31 45	180	10	600							600	180	420
4	46 60	240	10	600							600	240	360
5	61 75	300	10	600							600	300	300
6	76 90	360	10	600							600	360	240
7	91 105	420	10	600							600	420	180
8	106 120	480	10	600							600	480	120
9	121 135	540	10	600							600	540	60
10	136 150	600	10	600							600	600	
11	151 165	660			10	1,200					1,200	660	540
12	166 180	720			10	1,200					1,200	720	480
13	181 195	780			10	1,200					1,200	780	420
14	196 210	840			10	1,200					1,200	840	360
15	211 225	900			10	1,200					1,200	900	300
16	226 240	960			10	1,200					1,200	960	240
17	241 255	1,020			10	1,200					1,200	1,020	180
18	256 270	1,080			10	1,200					1,200	1,080	120
19	271 285	1,140			10	1,200					1,200	1,140	60
20	286 300	1,200			10	1,200					1,200	1,200	
21	420	1,680	10	600	10	1,200					1,800	1,680	120
22	540	2,160					10	2,400			2,400	2,160	240
23	600	2,400					10	2,400			2,400	2,400	
24	1,200	4,800					20	4,800			4,800	4,800	
25	2,400	9,600			10	1,200	10	2,400	10	6,000	9,600	9,600	
26	4,800	19,200			10	1,200			30	18,000	18,000	1,800	

Observations. Ces vingt-six articles suffiront pour faire connaître le montant de la cotisation de chaque Propriétaire.

A l'égard des sommes non portées au présent Tableau, il sera facile de trouver le montant de la cotisation à laquelle elles pourraient donner lieu, en prenant le nombre d'articles nécessaire pour former ces différentes sommes.

www.ingramcontent.com/pod-product-compliance
Ingram Content Group UK Ltd.
Pitfield, Milton Keynes, MK11 3LW, UK
UKHW021159230726
13926UKWH00001B/185

9 782014 086263